RÈGLEMENT

SUR LA TENUE

DE LA COMPTABILITÉ

DES ÉCONOMES

DANS LES ÉTABLISSEMENTS PUBLICS D'ASSISTANCE

Édition complétée. 1923

BERGER-LEVRAULT, ÉDITEURS

NANCY-PARIS-STRASBOURG

RÈGLEMENT

SUR LA TENUE

DE LA COMPTABILITÉ

DES ÉCONOMES

DANS LES ÉTABLISSEMENTS PUBLICS D'ASSISTANCE

Édition complétée. 1923

PARIS

BERGER-LEVRAULT, ÉDITEURS

136, BOULEVARD SAINT-GERMAIN (VIᵉ)

1923

Paris, le 15 septembre 1899.

Le Président du Conseil, ministre de l'Intérieur et des Cultes,
 à M. le Préfet d

J'ai l'honneur de vous notifier le décret en date du 9 septembre 1899, qui approuve et rend exécutoire, à dater du 1er janvier 1900, un règlement sur la tenue de la comptabilité des économes dans les établissements publics d'assistance.

Vous trouverez ci-joint, avec le texte du décret et celui du règlement, le rapport explicatif qui m'a été présenté; ce rapport indique le but que l'Administration supérieure s'est proposé en préparant, avec le concours d'une Commission technique et du Conseil supérieur de l'Assistance publique, cette nouvelle réglementation des économats; il expose les grandes lignes du travail et les motifs des modifications qui ont été apportées aux prescriptions antérieures; il insiste sur l'importance que présente la stricte application du règlement, non plus seulement dans l'intérêt déjà si respectable du patrimoine des pauvres, mais aussi pour la sauvegarde des contribuables. Il me suffira ici de signaler ces divers points à votre attention. Mais je dois en outre vous éclairer sur quelques questions de détail, afin de faciliter l'exécution immédiate et générale du règlement.

Un principe domine; il est affirmé dans l'article 1 : c'est que la tenue d'une comptabilité en matières est obligatoire dans tous les établissements publics d'assistance. Aucun établissement, sous aucun prétexte, ne serait donc désormais fondé à se soustraire à cette obligation. D'une manière générale, la comptabilité-matières devra être tenue d'après des règles qui diffèrent de très peu de celles qui étaient en vigueur depuis 1836.

Mais, afin que les petits établissements ne puissent se retrancher derrière une prétendue impossibilité tirée de la complication des écritures, de l'insuffisance des ressources qui ne permettrait pas d'entretenir un agent spécial capable de les tenir, le règlement prévoit une comptabilité en quelque sorte ménagère, à laquelle ces établissements pourront être autorisés à se borner.

Seulement, il faudra une autorisation spéciale que seul le ministre de l'Intérieur est en droit de conférer; cette autorisation, aux termes du règlement (article 55), ne pourrait être accordée à un établissement ayant 60.000 francs, ou plus, de revenus ordinaires, le calcul portant, suivant l'usage, sur les trois dernières années. J'ajoute que je ne serais nullement disposé à dispenser de la règle les établissements où actuellement fonctionnerait la comptabilité-matières normale puisque alors, au lieu d'y avoir progrès, il y aurait recul. L'autorisation doit être réservée pour le cas où vous n'auriez pu jusqu'ici obtenir l'organisation d'un service régulier d'économat et où il vous serait démontré que la résistance provient, non de mauvais vouloir ou de négligence, mais d'une impossibilité réelle et dûment justifiée.

A l'appui des demandes d'autorisation, vous produirez :

La délibération prise à cet effet par la Commission administrative ;

L'avis du conseil municipal ;

Les comptes des trois dernières années ;

L'avis du sous-préfet, si l'établissement est situé en dehors de l'arrondissement chef-lieu ;

Votre avis personnel motivé.

Qu'il soit tenu une comptabilité complète ou une comptabilité réduite, partout l'économe ou le comptable en matières, quel que soit son titre, est seul chargé, sous sa responsabilité et à charge de rendre compte, de percevoir, emmagasiner et conserver les denrées et objets mobiliers de toute nature, de distribuer ces denrées et objets pour le service des établissements conformément aux prescriptions du règlement de service intérieur. Les magasins, dont il doit détenir les clefs, sont sous sa surveillance. Il n'y a pas à distinguer suivant qu'un agent spécial est préposé exclusivement à l'économat, ou que la comptabilité-matières est confiée à une personne qui occupe simultanément dans la maison un autre emploi. Dans l'un et l'autre cas, la responsabilité effective du comptable doit être garantie par le dépôt, préalable à l'installation, d'un cautionnement, suivant les termes de l'article 2 de l'ordonnance du 29 novembre 1831, qui subsiste jusqu'à ce qu'il en ait été autrement disposé. Ne sont dispensés de fournir un cautionnement que les agents des établissements où la valeur des deniers et objets de consommation à eux confiés n'atteindrait pas 20.000 francs.

Il ne vous échappera point que pour les écritures et comptes tout l'essentiel des instructions du 20 novembre 1836 a été conservé. Au *Journal à souches* s'est seulement substitué le *Registre des entrées* qui en est la reproduction, sauf le volant dont l'usage avait cessé, à cause de ses conséquences fiscales. Mais le *Journal général*, le *Grand-Livre* restent identiques. Vous remarquerez seulement que le règlement attribue spécialement à l'*ordonnateur* le soin de coter et parapher les registres. C'est à lui en effet qu'incombe particulièrement le devoir de surveiller la comptabilité : il peut être suppléé dans cet office par un délégué quand le travail matériel serait par trop considérable. Mais cette délégation n'est possible qu'en vertu d'une autorisation expresse. Vous ne devrez accorder cette autorisation qu'avec réserve et à bon escient. Le délégué peut être soit un autre administrateur, soit un employé supérieur de l'établissement inspirant toute confiance, le secrétaire par exemple, ou le contrôleur, là où ce poste existe. Il n'y a de nouveau — et encore cette nouveauté est-elle simplement la consécration d'usages depuis longtemps adoptés en pratique dans les établissements bien tenus — que l'institution de carnets auxiliaires et d'une comptabilité de la pharmacie.

L'organisation de la comptabilité de la pharmacie est la réalisation d'un projet annoncé déjà dans la circulaire du 20 novembre 1836 à propos des comptes qui ne s'établissent qu'en numéraire, et resté depuis lors sans effet. L'expérience montre que cette comptabilité est très simple, très facile à tenir et garantit les hospices et hôpitaux contre une des principales sources d'abus. Le soin en revient, non pas à l'économe, mais au pharmacien ou à la personne préposée à la pharmacie.

Les modèles 6 à 8 fournissent le moyen d'établir les livres propres à la pharmacie. Il va de soi que ces modèles se bornent à donner des exemples. La nomenclature des médicaments variera suivant l'importance de l'officine. Les plus fréquemment employés (1) devront être inscrits à l'avance dans l'ordre alphabétique et des blancs seront réservés à la fin des registres pour y mentionner les médicaments qui viendraient à être employés accidentellement au cours de l'année.

Les carnets auxiliaires ne se substituent pas aux écritures, qui doivent toujours être passées sur le journal général et le grand-livre. Leur rôle est de faciliter le contrôle constant que l'économe doit exercer sur toutes les parties du service qui relèvent de lui et de sauvegarder ainsi sa responsabilité. D'autre part, ils allégeront sa tâche en lui permettant de ne porter les quantités inscrites sur ces carnets qu'à certaines périodes déterminées, ne pouvant, en tout cas, excéder un mois.

---

(1) A titre d'indication, voici une liste des médicaments les plus usuels :

Acétate d'ammoniaque ;	Cachets et pains azymes ;	Élixir parégorique ;
Acide borique ;	Caféine ;	Éponges stérilisées ;
Acide citrique ;	Calomel ;	Ergotine ;
Acide lactique ;	Camphre ;	Essence de menthe ;
Acide nitrique ;	Capsules de térébenthine ;	Éther sulfurique ;
Acide phénique cristallisé	Carbonate de magnésie ;	Extrait de fougère ;
Acide salicylique ;	Chlorate de potasse ;	Extrait d'opium ;
Acide tartrique ;	Chlorhydrate de cocaïne ;	Extrait de ratanhia ;
Alcool à 90° ;	Chlorhydrate de morphine ;	Farine de lin ;
Alcool camphré ;	phine ;	Farine de moutarde ;
Alcool vulnéraire ;	Chloroforme ;	Feuilles de digitale ;
Alcoolat de mélisse ;	Citron ;	Feuilles d'oranger ;
Alcoolat de menthe ;	Coton cardé ;	Fleurs de camomille ;
Alcoolature d'aconit ;	Coton hydrophile ;	Fleurs pectorales ;
Amadou ;	Coton iodé ;	Fleurs de tilleul ;
Ammoniaque liquide ;	Créosote ;	Follicules de séné ;
Antipyrine ;	Crins de Florence ;	Gaze à l'iodoforme ;
Arséniate de soude ;	Drains ;	Gaze phéniquée ;
Baume tranquille ;	Eau de Cologne ;	Gaze au salol ;
Benzoate de soude ;	Eau distillée ;	Glycérine ;
Benzonaphtol ;	Eau de fleurs d'oranger ;	Gomme arabique ;
Bicarbonate de soude ;	Eau de menthe ;	Graines de lin ;
Bière ;	Eau sédative ;	Houblon ;
Borate de soude ;	Eau de Seltz ;	Huile de camomille camphrée ;
Bougies pour catéthérisme ;	Eau de Vichy naturelle ;	phrée ;
Bromure de potassium ;	Eau-de-vie ;	Huile camphrée ;

Les *Carnets des fournisseurs* seront remis aux fournisseurs habituels qui en réclameront un ; ces cahiers remplaceront en outre pour les fournisseurs, dans une certaine mesure, les récépissés-détachés du journal à souche qui leur étaient autrefois remis par l'économe.

Les *Carnets de magasins* seront en aussi grand nombre qu'il y aura dans l'établissement de magasins distincts dirigés par un préposé spécial (cave, buanderie, cuisine, etc.).

De même un *Carnet d'exploitation* devra être tenu sous la responsabilité de l'économe par toute personne placée à la tête d'une exploitation ou d'un atelier ; par exemple : le régisseur, le chef jardinier, la directrice de l'ouvroir, etc.

Il va de soi que l'économe vérifiera constamment si les chiffres portés sur les carnets concordent avec la réalité des faits.

Les *Carnets des successions hospitalières* ne motivent pas d'explications particulières, non plus que les dispositions relatives au *récolement mensuel des magasins* et au *compte de gestion* qui continuera à être présenté exactement dans la même forme que par le passé.

Mais je vous signale l'importance qu'il y a à exiger la confection de l'*Inventaire général descriptif et estimatif* des objets mobiliers de toute nature. L'inspection générale a souvent regretté l'absence, dans certains établissements, de tout inventaire, ou le défaut de récolement qui empêchait de constater la disparition d'objets parfois précieux, la date et

---

Huile de foie de morue ;
Huile de ricin ;
Huile d'amandes douces ;
Hydrate de chloral ;
Iode ;
Iodoforme ;
Iodure de potassium ;
Iodure de sodium ;
Kermès ;
Laudanum de Rousseau ;
Laudanum de Sydenham ;
Liqueur de Van Swieten ;
Magnésie calcinée ;
Miel blanc ;
Orge perlé ;
Oxyde blanc d'antimoine ;
Oxyde de zinc ;
Pansement antiseptique ;
Pâte de lichen ;
Pâte de réglisse ;
Perchlorure de fer ;
Phosphate de chaux ;
Pilocarpine ;
Pinceaux divers ;
Poudre d'alun ;
Poudre d'amidon ;
Poudre de gomme arabique ;

Poudre d'ipéca ;
Poudre de noix vomique ;
Poudre de pyrèthre ;
Poudre de rhubarbe ;
Quassia amara ;
Racines de chiendent ;
Racines de gentiane ;
Racines de réglisse ;
Rhum ;
Salicylate de soude ;
Salol ;
Seringues à injections hypodermiques ;
Sinapismes Rigollot ;
Sirop antiscorbutique ;
Sirop de codéine ;
Sirop de coings ;
Sirop d'écorce d'oranges amères ;
Sirop d'éther ;
Sirop de gomme ;
Sirop de groseilles ;
Sirop d'ipéca ;
Sirop de nerprun ;
Sirop de sucre ;
Sirop de Tolu ;
Sous-nitrate de bismuth ;

Sparadraps de Vigo ;
Sublimé corrosif ;
Sucre ;
Sulfate d'atropine ;
Sulfate de cuivre ;
Sulfate de magnésie ;
Sulfate de quinine ;
Sulfate de soude ;
Sulfate de zinc ;
Sulfure de potassium ;
Table de gomme ;
Taffetas gommé ;
Terpine ;
Teinture d'arnica ;
Teinture de belladone ;
Teinture de cannelle ;
Teinture de citron ;
Teinture de coca ;
Teinture de colchique ;
Thé ;
Valérianate d'ammoniaque ;
Vaseline simple ;
Vésicatoire ;
Vinaigre aromatique ;
Vin de Banyuls ;
Vin de quinquina ;
Vin de gentiane ;

le motif de ces disparitions. Désormais, on ne devra plus avoir occasion de rencontrer ces lacunes, causes trop fréquentes de graves préjudices.

Le règlement ne mentionne pas, au nombre des pièces justificatives du compte, l'état du mouvement de la population et des cahiers de visite parce que l'établissement de ces pièces ne dépend pas de l'économe, mais il est bien entendu que la Commission administrative devra, lors de l'apurement des comptes de l'économe ou du comptable en matières, rapprocher ces documents du compte lui-même puisqu'ils servent de base aux distributions; vous devrez aussi en exiger la production lorsque les délibérations de la Commission administrative statuant sur le compte seront soumises à votre approbation.

La comptabilité réduite, que les petits établissements pourront être autorisés à tenir dans les conditions indiquées plus haut (page 2), comporte seulement *deux mains courantes*, l'une pour les entrées, l'autre pour les sorties, un *grand-livre* résumant par quinzaine les résultats consignés dans les mains courantes et un *livre d'inventaire*. Les modèles joints au règlement font apparaître au premier coup d'œil que, à moins de renoncer à toute comptabilité en matières, on ne peut rien prescrire de plus simple. J'attire votre attention sur la disposition qui exige qu'un seul compte général contienne les produits, consommés dans l'établissement, des jardins et des propriétés, c'est-à-dire non seulement les légumes et les fruits, mais les produits de la basse-cour, de la vacherie, de la porcherie, dont souvent nulle trace n'apparaissait dans les écritures, et qui cependant, quand il s'agit d'établissements de médiocre importance, constituent, ou devraient constituer, un élément relativement considérable des ressources de la maison hospitalière.

Les documents qui forment la comptabilité réduite devront être l'objet d'une délibération de la commission administrative et cette délibération sera soumise à votre approbation. Avant de la donner, vous devrez vous faire représenter les documents eux-mêmes, accompagnés aussi de l'état du mouvement de la population et des carnets de visite, et je vous recommande d'exercer sur ces comptabilités une très scrupuleuse vigilance. Il est malheureusement certain que, dans beaucoup d'hospices peu importants, le prix de revient de la journée ressort à un chiffre qu'il n'atteindrait pas si plus d'ordre présidait à la perception et à la distribution des denrées. C'est à faire régner cet ordre partout, en procurant par là les bienfaits d'une sage économie, que vous devez vous attacher avec le concours de MM. les sous-préfets.

Si dans votre département a été institué un contrôle sur place de l'assistance médicale gratuite, vous n'hésiterez pas à charger le contrôleur de vérifier les comptabilités-matières à l'hôpital même, soit quand sa tournée l'amènera à l'établissement, soit en mission spéciale, lorsque, saisi d'une demande d'approbation de compte, vous éprouverez le besoin d'avoir des éclaircissements pour lesquels un échange de correspondance serait insuffisant. Le contrôleur devrait d'ailleurs, en dehors des conseils qu'il pourrait donner au comptable ou à la Commission administrative, se borner à faire rapport de ses constatations et à vous remettre ce rapport, le droit de décider vous étant réservé. Si le contrôle sur place n'existe pas encore dans votre département, l'utilité que votre administration et les finances départementales peuvent en tirer sous cette forme est une raison de plus de l'organiser. Le Conseil supérieur de l'Assistance publique n'a point manqué de le remarquer et vous trouverez mon administration disposée à seconder les efforts du Conseil général, en acceptant de concourir aux dépenses consenties à cet effet par le département, suivant les proportions du barème B annexé à la loi du 15 juillet 1893 et dans les conditions indiquées au *fascicule 55 des travaux du Conseil supérieur* (pages 186 et suivantes).

Les dispositions du titre V concernant la comptabilité en deniers que l'économe, ou la personne préposée à la comptabilité-matières, est appelé à tenir en certains cas, par la force des choses, s'expliquent d'elles-mêmes.

C'est la Commission administrative qui, pour les hospices et hôpitaux, ou pour les bureaux de bienfaisance, détermine le maximum des avances en numéraire qui peuvent être allouées à l'économe, ou au comptable en matières, pour l'acquittement des menues dépenses. Mais la délibération n'est exécutoire que moyennant l'approbation de l'autorité qui règle le budget. Vous veillerez, Monsieur le Préfet, à ce que la limite se maintienne dans des proportions raisonnables. L'instruction générale des Finances du 20 juin 1859 la fixe (article 1499) au douzième des crédits auxquels doivent s'appliquer les dépenses qui les nécessitent.

Les menues dépenses sont celles qui, à raison de leur modicité, ne sont pas de nature à être acquittées directement à la caisse de l'hospice; on y assimile — mais il faut y apporter une extrême réserve — les dépenses qui comportent nécessairement un paiement immédiat, tels les achats sur le marché. Ces sortes d'avances ne seront plus désormais admissibles que pour les économes ou les personnes régulièrement préposées à la gestion en matières, dans les termes de l'article 3 du présent règlement.

Ces personnes ou les économes doivent régler avec le receveur au moins une fois par quinzaine (art. 65), et il importe beaucoup que l'ordonnateur y tienne exactement la main.

L'article 66 et dernier autorise des dérogations à la règle de l'article 1111 de l'Instruction générale des Finances portant que les receveurs ont seuls qualité pour recevoir les dépôts d'argent et d'objets précieux que les personnes admises dans les hôpitaux et hospices ont à effectuer à leur entrée dans les établissements. Ces dérogations ne sont admises que pour les établissements où le receveur ne réside pas et où il n'a pas de bureau, ainsi que pour ceux où le receveur, bien qu'ayant un bureau, n'y vient pas quotidiennement. L'économe peut alors être autorisé par décision préfectorale, sauf en ce qui concerne les établissements nationaux, à recevoir les dépôts dont il s'agit. Avant de prendre une décision de ce genre, vous tiendrez à recueillir l'avis, non seulement de la Commission administrative d'où émanera généralement la demande d'autorisation, mais aussi de M. le trésorier général. Il ne faut pas perdre de vue, en effet, qu'en la circonstance, l'économe agira sous le contrôle et la responsabilité du receveur. Pour le même motif, le receveur pourra à tout moment se faire rendre compte par l'économe de ses opérations et vérifier et son registre et l'état des dépôts confiés à ses soins.

J'insiste, en terminant, sur le caractère général du nouveau règlement, car son exécution intégrale m'apparaît comme de la plus haute importance. Il faut que l'ordre préside partout, du plus grand établissement jusqu'au plus modeste, à la réception, à la conservation et à la distribution des matières; qu'en conséquence, partout, un agent économe ou autre y soit préposé et remplisse sa mission, sous sa responsabilité, sans immixtion d'autres personnes dont le rôle, suffisamment élevé par lui-même, est de soigner les hospitalisés; il faut que, pour dégager sa responsabilité, cet agent tienne des écritures claires et facilement vérifiables, enfin qu'il rende compte de sa gestion et justifie du bon emploi des biens dont il a eu la charge.

Je suis fermement résolu à exiger avec persévérance l'application de ces principes et je donnerai des instructions en conséquence aux inspecteurs généraux de l'Assistance publique. Mais je me fie surtout, pour y parvenir, sur les bonnes dispositions des autorités locales, sur votre zèle éclairé et celui de vos collaborateurs, MM. les sous-préfets. Vous me trouverez toujours disposé à faciliter votre tâche, en vous fournissant les explications dont vous auriez besoin.

Vous voudrez bien, Monsieur le Préfet, m'accuser réception de la présente instruction; je vous en envoie un certain nombre d'exemplaires que vous ferez parvenir à MM. les sous-préfets et aux commissions administratives. Vous joindrez à votre accusé de réception un état émargé par MM. les sous-préfets et le président de chaque commission administrative, constatant la remise de l'exemplaire qui lui est destiné et son dépôt aux archives de l'établissement ou de la sous-préfecture.

Pour le Président du Conseil,
Ministre de l'Intérieur et des Cultes :

Le Conseiller d'État, directeur,
H. Monod.

RAPPORT

DU CONSEILLER D'ÉTAT, DIRECTEUR DE L'ASSISTANCE
ET DE L'HYGIÈNE PUBLIQUES

A MONSIEUR LE PRÉSIDENT DU CONSEIL

MINISTRE DE L'INTÉRIEUR ET DES CULTES

Paris, le 20 juillet 1899.

Monsieur le Président du Conseil,

Une ordonnance royale du 29 novembre 1831, prise sur l'avis du Conseil d'État, a décidé qu'à dater du 1er janvier 1832, la gestion des économes chargés dans les établissements de bienfaisance de l'emmagasinage et de la distribution des denrées et autres objets de consommation serait soumise à des règles de comptabilité déterminées par le ministre secrétaire d'État du Commerce et des Travaux publics. L'Administration de l'Assistance publique se trouvait alors rattachée aux attributions de ce département.

Cinq années s'écoulèrent avant que parût le règlement ministériel prévu par l'ordonnance de 1831. Il intervint le 20 novembre 1836, sous la forme d'une instruction adressée aux préfets par M. de Gasparin, ministre secrétaire d'État à l'Intérieur. Cette circulaire accompagnée de modèles a depuis été, en quelque sorte, le code des économats des établissements publics d'assistance. Rédigée avec beaucoup de soin, elle a rendu des services incontestables. Mais elle date de plus de soixante ans; elle est devenue presque introuvable, de sorte que les nouveaux comptables en matières sont parfois dans l'impossibilité de se reporter au texte et se voient réduits à suivre des traditions plus ou moins exactes. Les administrations hospitalières sont elles-mêmes empêchées par là d'exercer un contrôle efficace, et plusieurs se couvrent de ce prétexte pour ne point tenir à l'organisation d'un économat ou pour se borner à en créer le simulacre.

Or, il importe grandement de supprimer toute apparence de raison à une résistance passive dont n'ont pu triompher depuis soixante ans les efforts combinés de la Cour des Comptes, de l'Inspection générale et de l'Administration centrale. Ces efforts ont constamment tendu à distinguer le service du personnel secondaire chargé du soin des hospitalisés, et l'emploi d'un comptable agissant dans la limite de ses attributions sous l'autorité directe de l'administration, véritablement responsable de sa gestion, préposé, à l'exclusion de toute autre personne, à la recette, à la garde et à la distribution des matières. Trop fréquemment on s'est heurté à l'obstination tenace de commissions administratives arguant de la complication du règlement, de l'impossibilité où se trouve un établissement modeste de rémunérer un employé spécial, ou de donner à cet agent des appointements suffisants pour exiger de lui une assiduité constante, l'application d'un règlement compliqué. De là vient que tantôt se rencontrent des hospices ou hôpitaux d'une importance relative dépourvus de tout économat, plus souvent des établissements payant d'un prix dérisoire de prétendus économes dont le rôle se borne à signer des écritures plus ou moins correctes tenues par d'autres, ou à résumer, d'une façon trop sommaire pour permettre des vérifications, les opérations effectuées en dehors d'eux. Dans l'un et l'autre cas, toute une partie essentielle de la gestion matérielle de l'établissement échappe aux constatations qui mettraient l'administration hospitalière et l'administration supérieure à même de connaître la situation vraie.

Si cet état de choses a toujours été fâcheux, il est devenu aujourd'hui intolérable.

Aux termes de l'article 24 de la loi du 15 juillet 1893 sur l'assistance médicale gratuite, « le prix de la journée des malades placés dans les hôpitaux aux frais des communes, des départements ou de l'État, est réglé par le préfet, sans qu'on puisse imposer un prix de journée supérieur à la moyenne du prix de revient constaté pendant les cinq dernières années ».

L'application de cette disposition rend indispensables, non seulement un calcul exact du prix de journée, mais encore un contrôle facile des éléments servant à établir ce prix, éléments qu'on ne peut trouver ailleurs que dans une comptabilité-matières bien tenue.

Le législateur ayant fait appel, pour l'acquittement des dépenses de l'assistance médicale gratuite, au concours de l'État, des départements et des communes, il est aujourd'hui indispensable que le service des économats fonctionne avec une régularité suffisante pour que l'on puisse être assuré que les nouveaux sacrifices demandés aux contribuables ne se trouveront pas augmentés par suite d'une déperdition de ressources dans la gestion du patrimoine des pauvres.

D'où, l'impérieuse nécessité de renouveler l'instruction sur la comptabilité des économes, afin que, mise en la possession de tous, on pût en exiger partout l'exacte application.

Fallait-il se contenter de rééditer la circulaire de 1836 ? Votre Administration ne l'a pas pensé. En voici le motif.

Les instructions du 20 novembre 1836 fixent d'une façon trop uniforme les règles à suivre, et on a pu avec raison reprocher à ce dernier document d'imposer un jeu d'écritures trop compliqué, en tant qu'il s'applique aux petits établissements, et insuffisant, sur certains points, quand il s'agit des grands. Faute par les premiers de pouvoir se conformer entièrement aux prescriptions réglementaires, il est arrivé que ces prescriptions ont été perdues de vue, et l'inspection générale, en constatant, soit que la comptabilité-matières était mal tenue, soit même qu'elle n'était pas tenue du tout, l'a souvent attribué à cette cause.

Il a donc semblé qu'il convenait d'examiner s'il n'y aurait pas lieu d'organiser la comptabilité-matières d'une façon différente, suivant qu'il s'agirait des grands ou des petits établissements. On a pensé, en outre, qu'il était nécessaire de définir nettement les attributions de l'économe, ses fonctions propres, les moyens d'assurer, dans ces limites, son indépendance, les garanties de capacité et de probité à exiger de lui. Enfin, il a paru utile d'étudier si l'on devait maintenir ou modifier les règles existantes en ce qui concerne la nomination de cet agent, et de rechercher les mesures les plus propres à assurer sur sa gestion le contrôle effectif de l'État.

Un arrêté ministériel du 13 juillet 1894 a institué pour l'étude de ces questions une Commission spéciale (1), qui, au rapport de M. Pradier, conseiller référendaire à la Cour des Comptes, divisa son travail en deux parties, la première ayant trait à la réglementation de la comptabilité-matières, la seconde relative au personnel, c'est-à-dire au mode de nomination des économes, à leur révocation, aux incompatibilités et au cumul, aux cautionnements, enfin à l'organisation d'un service de contrôle.

Ces deux parties ont été examinées par les 2e et 3e sections du Conseil

---

(1) Cette commission était ainsi composée :

MM. Henri Monod, conseiller d'État, directeur de l'Assistance et de l'Hygiène publiques, président ;

Pradier, conseiller référendaire à la Cour des Comptes, rapporteur général ;

Chabanel, directeur de l'asile national du Vésinet, rapporteur général adjoint ;

Napias, inspecteur général des services administratifs, aujourd'hui directeur de l'administration générale de l'Assistance publique, à Paris ;

Lefort et Drouineau, inspecteurs généraux des services administratifs ;

Combette, inspecteur général de l'Instruction publique ;

Renaudin, inspecteur des Finances ;

Henri Morgand, chef du 3e bureau de la direction de l'Assistance et de l'Hygiène publiques ;

Primois, chef du 1er bureau de cette direction ; admis, au cours des travaux de la Commission, à faire valoir ses droits à la retraite ;

Merciéca, chef du 1er bureau, nommé en remplacement de M. Primois ;

Degas, inspecteur en chef des comptabilités administratives de la Seine ;

Gory, inspecteur de l'Assistance publique, à Paris ;

Fémeau, directeur honoraire des établissements nationaux de bienfaisance ;

Caux, économe de l'asile public d'aliénés de Saint-Yon ;

Génin, secrétaire général de l'administration des hospices de Lyon ;

Rabatel, économe de l'hospice de la Charité, à Lyon, suppléant ;

Rondel, secrétaire du Conseil supérieur de l'Assistance publique, délégué au contrôle des services de l'assistance médicale, secrétaire, avec voix consultative ;

Ernest Joly, attaché au contrôle de l'Assistance médicale, secrétaire adjoint.

supérieur de l'Assistance publique, puis portées.devant le Conseil lui-même, en assemblée générale, lors de sa dernière session. Le Conseil en a adopté les conclusions, avec certaines modifications.

Mais, ainsi que l'a fait remarquer M. Pradier, conseiller à la Cour des Comptes, rapporteur général, dans le remarquable travail qu'il a remis à un de vos prédécesseurs, les deux parties du projet, bien que devant concourir à un but commun, ne sont pas cependant liées l'une à l'autre d'une façon tellement intime, que l'une ne puisse être adoptée sans que l'autre le soit également. La première, en effet, doit être considérée comme le guide pratique du fonctionnement uniforme des économats, comme un règlement complémentaire de la circulaire du 20 novembre 1836; par suite, elle peut être immédiatement mise en pratique par voie de décret.

On peut recourir à un décret simple à la condition de s'écarter sur un seul point du projet du Conseil supérieur.

L'article 5 du règlement qu'il a élaboré ne permettait de dispenser du cautionnement que les économes des établissements dont les recettes ordinaires sont inférieures à 15.000 francs, et dérogeait ainsi à l'article 2 de l'ordonnance royale du 26 novembre 1831, portant : « Dans les établissements où la valeur des denrées et objets de consommation livrés aux économes s'élèvera annuellement à 20.000 francs et au delà, ces agents seront assujettis à fournir un cautionnement qui sera réglé d'après les mêmes bases que celui des receveurs. » J'ai l'honneur de vous proposer d'ajourner cette disposition de l'article 5. Il importe que le règlement intervienne assez tôt pour être mis en vigueur à dater du 1er janvier 1900. Or, à cette époque de l'année, on ne pourrait guère espérer obtenir à bref délai l'émission d'un décret qui devrait être pris, le Conseil d'État entendu, puisque l'ordonnance de 1831 a été rendue sous cette forme. D'autre part, il semble préférable que tout le surplus fasse l'objet d'un acte simple du Gouvernement. C'est au ministre que l'ordonnance de 1831 a renvoyé le soin de déterminer les règles de comptabilité-matières et, sauf le dernier titre du présent règlement dont certaines dispositions peuvent être considérées comme modifiant en quelques points le décret du 31 mai 1862, portant règlement sur la comptabilité publique, on aurait pu se borner à un arrêté ministériel; si l'expérience révèle l'utilité de quelques changements, il sera plus aisé d'en tenir compte que si l'on était obligé de s'adresser au Conseil d'État. Enfin, la matière des cautionnements est d'autre part l'objet d'autres conclusions dans la seconde partie du travail de la commission. L'ensemble de la question motivera ultérieurement un projet de décret que je vous proposerai, Monsieur le Président du Conseil, de renvoyer à l'examen du Conseil d'État, à la rentrée de la haute assemblée.

La seconde partie contient, en outre, certaines dispositions qui tendent à modifier les prescriptions de l'article 14 de la loi du 7 avril 1851, et qui nécessiteraient la sanction du pouvoir législatif, laquelle ne peut être obtenue qu'en suite d'une procédure particulière et après des votes successifs, auxquels il serait dangereux, au point de vue de l'exécution de la loi du 15 juillet 1893, de subordonner l'application de la première.

Je ne m'occuperai donc, maintenant, que du règlement sur la comptabilité-matières.

Le projet élaboré par la commission spéciale et approuvé, sauf quelques amendements, par les 2e et 3e sections fut présenté, en leur nom, dans la séance du 11 mars 1897, au Conseil supérieur de l'Assistance publique par M. Napias, alors inspecteur général des services administratifs, aujourd'hui directeur de l'Administration générale de l'Assistance publique à Paris, que secondait M. Chabanel. Le Conseil, sur la proposition de M. Sabran, émit alors l'avis qu'il y avait lieu de faire une enquête auprès d'un certain nombre de commissions administratives d'établissements hospitaliers de province. Cette enquête fut effectuée par les soins de votre administration. Les résultats en furent communiqués aux 2e et 3e sections, et le projet, amendé par elles, est revenu le 18 mai dernier devant le Conseil supérieur qui n'y a apporté que quelques simplifications. Il se divise en cinq titres, savoir :

Titre I. — Dispositions générales ;

Titre II. — Recettes et dépenses (entrées et sorties des matières) ;

Titre III. — Écritures et comptes ;

Titre IV. — Dispositions spéciales concernant la comptabilité des établissements de moindre importance ;

Titre V. — Règles concernant la comptabilité en deniers des économes.

Les prescriptions, codifiées sous la forme d'articles, sont suivies de modèles des registres et imprimés dont les économes doivent faire usage pour la tenue de leur comptabilité.

Ainsi qu'il est dit plus haut, la circulaire de 1836 ne faisait aucune distinction entre les grands et les petits établissements. Or, l'expérience a montré qu'il n'était pas possible d'imposer indistinctement à tous les établissements les mêmes obligations. En conséquence, la nouvelle instruction les divise en deux classes, l'une comprenant ceux dont les revenus ordinaires atteignent ou dépassent 60.000 francs (1), l'autre ceux dont les revenus sont inférieurs à ce chiffre. Aux premiers a été imposée l'obligation de tenir une comptabilité complète ; pour les autres, on a organisé, en quelques articles, une comptabilité restreinte d'une grande simplicité, qu'on pourrait presque qualifier de comptabilité ménagère. Toutefois, comme il peut arriver que dans certains établissements ayant des revenus inférieurs à 60.000 francs, il existe un personnel suffisant pour qu'il soit possible de tenir la comptabilité complète, on a fait de la tenue de cette comptabilité la règle générale et décidé que, même dans les petits établissements, on n'admettrait la comptabilité restreinte qu'en vertu d'une autorisation spéciale du ministre de l'Intérieur.

Cette distinction domine toute la rédaction du règlement. J'ai cru

---

(1) La Commission avait fixé à 60.000 francs le chiffre des revenus servant de ligne de démarcation entre les grands et les petits établissements ; les 2e et 3e sections ont estimé qu'il y avait lieu de ramener ce chiffre à 30.000 francs ; le Conseil supérieur, en assemblée générale, a rétabli le chiffre de 60.000 francs.

devoir la faire tout d'abord ressortir. Les explications qui suivent ont pour but de justifier les dispositions contenues dans chacun des titres, en marquant particulièrement ce qui différencie la nouvelle instruction de celle de 1836.

TITRE I

DISPOSITIONS GÉNÉRALES

Ainsi qu'on l'a vu plus haut, le projet comprend cinq titres. Dans le titre I se trouvent placées des dispositions générales dont la plus importante, contenue dans l'article 1, est, sans contredit, l'obligation stricte et absolue imposée à tous les établissements publics d'assistance de tenir une comptabilité en matières.

Ce n'est pas là sans doute une innovation, aucune disposition du règlement de 1836 ne dispensant une catégorie quelconque d'établissements de tenir une comptabilité-matières et les prescriptions de ce règlement étant, en principe, applicables partout. Mais, comme on l'a déjà dit, la comptabilité telle que l'organisait ledit règlement était trop étendue et trop compliquée pour qu'il fût possible d'en imposer l'application à tous les établissements, et, en effet, dans un grand nombre, la comptabilité était tenue d'une façon défectueuse ; dans quelques-uns même, il n'en existait pas.

Avec les dispositions nouvelles, tous les établissements, sans exception, seront obligés d'avoir une comptabilité-matières, soit complète, soit restreinte.

L'article 2 définit les opérations que comprend la comptabilité-matières et qui sont : d'une part, les recettes ou entrées en magasins ; d'autre part, les dépenses ou sorties des magasins, de toutes denrées, de tous objets de consommation, médicaments, matières premières, effets et objets mobiliers de toute nature.

L'article 3, qui n'est pour ainsi dire que la paraphrase du précédent, détermine les attributions de l'agent chargé de la comptabilité en matières. Cet agent, qu'il soit seulement économe ou qu'il cumule d'autres fonctions avec celle de l'économat, qu'il soit appelé économe ou désigné sous toute autre appellation, telle, par exemple, que celle de magasinier, dépensier, etc., usitées dans certaines maisons, a pour devoir :

1° De percevoir, emmagasiner et conserver les denrées et objets mobiliers de toute nature ;

2° De distribuer ces denrées et objets pour le service des établissements, conformément aux instructions générales et aux règlements intérieurs ;

3° De passer écriture et de rendre compte de ses opérations.

L'article 4 a trait à la responsabilité du comptable. Au sujet de cette responsabilité, le rapporteur de la commission spéciale, M. Pradier, a formulé les observations suivantes :

« Tout en disant que l'économe exerce ses fonctions sous le contrôle de la Commission administrative et, dans les établissements pourvus soit d'un conseil ou d'une commission de surveillance, soit d'une commission consultative, sous le contrôle du directeur, l'article 4 exprime que la responsabilité de l'agent est entière, absolue.

« La commission fait, du reste, de cette responsabilité le principe même de l'indépendance de l'économe; elle doit être entre ses mains comme une arme utile pour résister à toute ingérence, à toute sollicitation contraire aux prescriptions du règlement.

« Il appartiendra à l'Administration centrale de rendre cette responsabilité effective et non théorique, soit par les instructions complémentaires qu'elle sera appelée à donner aux préfets, soit en tenant la main à ce que les critiques formulées par les rapports des agents du contrôle, dont le projet du règlement sur le personnel demande la création, ne soient pas considérées comme lettre morte. »

Le dernier article du titre I, l'article 5, s'occupe du cautionnement. La commission avait pensé que l'obligation du cautionnement devait être imposée à tous les comptables en matières sans exception. Mais les 2e et 3e sections n'ont pas partagé cette manière de voir, estimant que, dans certains établissements de minime importance, il pourrait être difficile, quelquefois même impossible, de rencontrer un agent en situation de fournir un cautionnement. En conséquence, et tout en maintenant d'une manière générale l'obligation du cautionnement, les sections ont ajouté à l'article 5 une disposition portant que les économes pourraient en être dispensés dans les établissements dont les recettes ordinaires sont inférieures à 15.000 francs. Le Conseil supérieur a adopté cette proposition. Ainsi qu'il a été exposé plus haut, c'est là un point à réserver pour être l'objet d'un décret en Conseil d'État. Le principe du cautionnement doit être proclamé; mais, quant à présent, la dispense serait maintenue, dans les termes de l'ordonnance de 1831, aux établissements où la valeur des denrées et objets de consommation livrés au comtapble en matières ne s'élèvera pas annuellement à 20.000 francs.

TITRE II

DES RECETTES ET DES DÉPENSES

Le titre II s'occupe des recettes (entrées en magasin) et des dépenses (sorties des magasins). Il commence (art. 6 et 7) par faire connaître en quoi consistent les unes et les autres. Il prescrit à l'économe (art. 9) de tenir un compte spécial des matières fournies aux ateliers ou exploitations et des produits qui y sont fabriqués ou récoltés. Cet article a spécialement pour but de mettre en lumière la nécessité des comptes de fabrication et d'exploitation, dont il arrive souvent qu'on ne trouve aucune trace dans certains établissements et qui sont cependant indispensables pour déterminer le prix de revient de chaque nature de produit. Il n'est pas inutile d'ajouter que c'est dans les ateliers de fabrication ou dans les exploitations que se rencontrent le plus fréquemment, lorsqu'il s'en produit, des actes de détournement et de gaspillage.

L'article 10 dispose que l'économe a seul les clefs des magasins où doivent être conservées les matières appartenant aux établissements, de même que le comptable en deniers a seul les clefs de sa caisse; il veut que tous les locaux, grands ou petits, qui, selon les besoins du service, doivent être nécessairement mis à sa disposition pour y loger et y placer avec ordre tous les objets confiés à sa garde, qu'il s'agisse d'objets mobiliers, de lingerie, de literie, d'alimentation, de chauffage, d'éclairage, etc., soient constamment fermés et ne puissent être accessibles qu'aux personnes autorisées par lui seul.

Encore est-il ajouté que ces personnes sont, chacune dans leur service, responsables, envers l'agent comptable, des objets ou denrées qu'il leur a confiés.

Suivant l'expression de M. Pradier, cet article est comme une nouvelle affirmation de la responsabilité de l'économe; il lui donne la possibilité de résister à toute ingérence et, par suite, il devient l'adjuvant certain de son indépendance.

L'article 11 confirme, pour ainsi dire, le précédent, en prescrivant qu'aucune denrée, aucun objet, qu'elle qu'en soit la nature, ne peut entrer dans l'établissement ni en sortir, sans l'autorisation de l'économe.

L'article suivant lui fait une obligation stricte de se conformer, pour les distributions de denrées, à chaque catégorie d'hospitalisés, aux prescriptions du règlement général sur le régime alimentaire et à celles du cahier de visite.

Enfin, les articles 8 et 13 formulent les règles à suivre, d'une part, pour les achats qui doivent être faits par l'économe, en vertu de crédits ouverts au budget et d'après les ordres des commissions administratives ou des directeurs et, d'autre part, pour les ventes effectuées au compte de l'établissement et dont l'économe se trouve également chargé sous sa responsabilité personnelle, conformément aux ordres qui lui sont donnés par la commission administrative ou le directeur.

L'article 13, tel qu'il avait été voté par la Commission et adopté par les 2e et 3e sections, ajoutait que « le prix doit en être immédiatement versé dans la caisse du receveur ». Mais cette disposition se trouvait en contradiction avec celle de l'article 65 qui prescrit à l'économe de verser entre les mains du receveur, au moins une fois par quinzaine, les recettes en numéraire qu'il peut être appelé à encaisser par suite d'avances pour menues dépenses, de ventes de produits agricoles, etc. Pour mettre ces deux articles en harmonie, le Conseil supérieur a proposé de rédiger ainsi la fin de l'article 13 : « Le prix (des ventes de toutes matières) en doit être versé dans la caisse du receveur au moins une fois par quinzaine, conformément aux dispositions de l'article 65. »

En résumé, toutes les dispositions du titre II sont conformes soit implicitement, soit expressément, aux instructions du 20 novembre 1836 et ne sauraient donc apporter aucun trouble dans les habitudes des établissements où la comptabilité-matières était tenue d'une façon correcte.

TITRE III

DES ÉCRITURES ET DES COMPTES

Dans la préparation du titre III (des écritures et des comptes), la Commission spéciale avait au contraire apporté au règlement de 1836 de nombreuses et profondes modifications, dont il serait sans intérêt de faire l'exposé, les 2e et 3e sections n'ayant pas cru devoir les maintenir et le Conseil supérieur ayant approuvé les conclusions de ses sections.

Il suffit d'indiquer que la Commission avait, en majeure partie, adopté les règlements et les modèles en usage dans la comptabilité-matières des établissements d'assistance dépendant de la ville de Paris, établissements considérables. et où le personnel est nombreux. Or, l'enquête à laquelle il a été procédé, sur la demande du Conseil supérieur, auprès des commissions administratives des établissements de province, a établi que la plupart de ces commissions approuvaient, d'une manière générale, la réforme projetée des règlements sur la comptabilité-matières, mais qu'un certain nombre d'entre elles demandaient qu'on s'écartât le moins possible des prescriptions de 1636 qui, en somme, donnaient de bons résultats là où elles étaient sérieusement appliquées et qui, dans tous les cas, avaient le mérite d'être connues et pratiquées depuis longtemps par les comptables en matières.

Le Conseil supérieur a reconnu la valeur de ces arguments. Tout en rendant justice au travail très étudié et très complet, on pourrait presque dire trop complet, élaboré par la Commission, il a pensé qu'il y aurait plus d'inconvénients que d'avantages à changer les dispositions en vigueur là où il était possible de les maintenir, d'autant plus que les modifications proposées seraient peut-être difficilement applicables dans les établissements d'importance médiocre disposant d'un personnel restreint pour les travaux de comptabilité et d'écritures.

En conséquence, ont été adoptés un texte et des tableaux mis en harmonie avec ceux du règlement de 1836, dont on s'est borné à étendre et. à compléter les dispositions sur certains points où elles pouvaient paraître insuffisantes.

Le titre III maintient les trois registres qui, en deniers comme en matières forment, pour ainsi dire, les assises de la comptabilité :

1º Un *Registre d'entrées*, substitué à l'ancien journal à souche pour la constatation des recettes au moment même de l'opération;

2º Le *Journal général*, pour l'enregistrement des recettes et des dépenses (entrées et sorties) dans l'ordre et à la date où elles se produisent;

3º Le *Grand-Livre*, pour l'établissement des comptes particuliers de chacune des diverses natures de denrées, effets, etc.

Suivant la règle prescrite pour toute comptabilité, le registre des entrées et le journal général, les seuls qui peuvent faire foi en justice, doivent être cotés et paraphés sur chaque feuillet par l'ordonnateur ou son délégué (art. 15).

L'article 16 prescrit d'enregistrer les opérations sur le Journal général article par article, sans rature, surcharge, grattage, ni interligne. Toutefois, comme personne n'est à l'abri d'une erreur, l'article suivant prend soin d'indiquer que les erreurs, s'il en est commis, doivent être rectifiées au moyen d'un article motivé se traduisant par une augmentation. ou une diminution de quantités inscrites en moins ou en trop et non point en portant une recette d'ordre pour compenser une dépense erronée et réciproquement. Il était de la plus haute importance de fixer ce point, afin d'assurer l'uniformité et la sincérité dans les écritures.

Les articles suivants (18 à 21) sont spéciaux au registre des entrées qui doit être tenu par année et par gestion s'il y a, dans le cours d'une année, mutation de comptable.

Quelques explications sont nécessaires au sujet de ce registre. Les 2e et 3e sections avaient maintenu le Journal à souche, se contentant de donner à son emploi un but autre que par le passé. Dans le système qu'elles avaient adopté, il devait surtout servir à faciliter le contrôle de l'ordonnateur.

Le Journal à souche, tel que le concevaient les sections, différait de celui qui avait été prescrit par les instructions de 1836, en ce sens que le volant à détacher de la souche n'était plus le récépissé qui devrait être délivré au fournisseur, mais un simple certificat de réception ayant une destination tout autre que le récépissé ancien.

Cette modification était déterminée par le fait qu'en exécution de la loi du 23 août 1871, les récépissés dont il s'agit, constituant des reçus d'objets, étaient passibles du timbre de 10 centimes et que les fournisseurs, à la charge desquels les établissements de bienfaisance imposaient le paiement de ce droit, se dispensaient le plus souvent de réclamer les récépissés et même se refusaient quelquefois à les recevoir; de telle sorte que ces pièces, dont la remise aux intéressés devait assurer l'exactitude des prises en charge, devenaient sans objet et restaient entre les mains des comptables qui, dans certains cas, pouvaient en abuser.

Frappée de cet état de choses et estimant que ce volant était un moyen de contrôle utile, la Commission spéciale avait cherché à le maintenir; mais elle en avait modifié le caractère et en avait fait une pièce comptable d'ordre purement administratif, que l'économe devait détacher de la souche pour la remettre à l'ordonnateur en même temps que les factures ou les bordereaux de dépenses par économat.

Les sections avaient adopté cette combinaison. Le Conseil supérieur, la trouvant trop compliquée, y voyant une source de difficultés pour l'ordonnateur, n'y trouvant point d'utilité, puisque le contrôle de celui-ci s'exerce déjà au moyen du visa dont le comptable en matières doit revêtir les factures, vota, sur la proposition de M. Sabran, la suppression du Journal à souche.

Mais si cette suppression peut effectivement être admise, en tant que l'emploi des volants cesse d'avoir une raison d'être, il paraît indispensable de maintenir un registre où sont inscrites, au fur et à mesure des opérations, toutes les entrées effectuées. C'est un moyen de vérification qu'il y aurait grave inconvénient à faire disparaître, et, au surplus, la nature des choses obligerait les économes, soucieux de leur devoir, à le tenir même s'il n'était pas réglementaire. Ce registre serait désigné sous le titre de « registre des entrées ».

Il va sans dire que si un fournisseur venait à réclamer une pièce constatant la livraison faite par lui (cas qui, d'après l'expérience du passé, se présentera très rarement), l'économe lui délivrerait sur une feuille détachée un reçu dont le fournisseur aurait à acquitter le timbre.

Aux termes de l'article 22, les produits intérieurs, les versements provenant de dons, les entrées d'objets provenant de confections, du produit des exploitations, des successions hospitalières, rentes en nature, etc., seront, au même titre que les achats de denrées ou objets, enregistrés sur le registre des entrées.

Cet article a pour but d'indiquer nettement au comptable qu'il doit inscrire sur son registre des entrées toutes les recettes, sans aucune distinction entre celles qui proviennent d'acquisitions faites à prix d'argent et celles qui ont pour cause soit un acte à un titre gratuit, tel qu'un don ou un legs, soit une exploitation ou une transformation de matières.

Les articles 22 à 25, qui ont trait au Journal général et au Grand-Livre, ne font que codifier les instructions de 1836. Ils s'expliquent d'eux-mêmes et ne paraissent comporter aucun développement, aucune explication particulière.

Il en est de même des articles 26 à 29 relatifs à la clôture des livres.

Les dispositions qui viennent ensuite dans le titre III tendent à combler une véritable lacune existant dans les instructions de 1836. Il s'agit des livres auxiliaires. Dans la pratique, ces livres ont toujours été tenus par les économes soucieux d'avoir une comptabilité irréprochable. Mais ces comptables n'y étaient pas obligés, le règlement de 1836 étant muet sur ce point.

A l'avenir, lorsque le service le comportera, la comptabilité-matières comprendra, indépendamment des trois livres généraux dont il vient d'être parlé :

1° Des *Carnets de fournisseurs* (art. 30) où seront inscrites successivement et à leur date les livraisons de denrées et objets de consommation courante ;

2° Des *Carnets de magasins* (art. 31), un pour chaque service, où les agents du personnel secondaire préposés à la buanderie, à la lingerie, à la cuisine, à la cave, aux magasins, chantiers, ateliers, etc., porteront, jour par jour, toutes les entrées et sorties des articles et des matières confiées à leur garde, en vue de permettre, à tout moment, de constater la situation vraie des magasins ;

3° Des *Registres de pharmacie* (art. 33 et 34) où, soit le pharmacien, soit la personne préposée à la pharmacie inscriront, jour par jour, les entrées et les sorties. En outre, un compte mensuel des opérations ainsi effectuées sera rendu à l'ordonnateur, lorsqu'il existe un pharmacien exclusivement attaché à l'établissement, et à l'économe lorsque le service pharmaceutique est entre les mains d'un ou d'une simple préposée. Enfin, le pharmacien proprement dit devra procéder, dans le premier mois de chaque année, au récolement des substances pharmaceutiques existant au 31 décembre précédent et consigner les résultats de ce récolement sur un état dit « situation des productions pharmaceutiques ».

Quand il n'y a pas de pharmacien, la personne préposée à la pharmacie sera dispensée de cette dernière opération, qui sera faite par l'économe sous la responsabilité duquel le service se trouve placé. La différence de situation entre le pharmacien proprement dit et la personne préposée à la pharmacie provient de ce qu'il n'a pas paru possible de mettre le premier sous la dépendance de l'économe dont il aurait admis difficilement l'ingérence dans les opérations de son service et qu'il a semblé, dès lors, indispensable de le placer sous les ordres directs de l'ordonnateur.

Dans la discussion qui a eu lieu au Conseil supérieur, on a émis des doutes sur la possibilité de tenir cette comptabilité de la pharmacie. L'expérience a prouvé qu'elle était à la portée des personnes munies d'une instruction même élémentaire, car elle est pratiquée déjà, dans d'excellentes conditions, au moyen de femmes d'une culture intellectuelle peu élevée dans plusieurs établissements, notamment dans des institutions nationales. D'autre part, on s'accorde à reconnaître que c'est surtout dans la pharmacie qu'il importe d'assurer un contrôle exact des entrées et des sorties ;

4º Un *Carnet des successions hospitalières* (art. 35) sur lequel, après un inventaire dressé par l'économe, en présence de l'ordonnateur, sont énumérés et décrits les effets, bijoux, argent et papiers laissés par les malades et administrés décédés dans l'établissement. Les espèces, valeurs et bijoux sont immédiatement versés dans la caisse du receveur ;

5º Un *Carnet des exploitations* (art. 36) où il est ouvert autant de comptes qu'il est nécessaire pour la constatation, avec évaluation, des produits des exploitations, au fur et à mesure qu'ils sont recueillis.

Une disposition générale ajoute que l'énonciation des carnets auxiliaires ci-dessus mentionnés n'est pas limitative et qu'il y aura lieu, en outre, de tenir tous les carnets qui seraient jugés nécessaires, suivant la nature et l'importance des services.

La Commission spéciale et les sections avaient proposé une disposition prescrivant à l'économe de dresser un compte mensuel présentant, pour les denrées et objets d'une consommation journalière : 1º les recettes, 2º les allocations de dépenses, 3º les dépenses effectives.

Dans leur pensée, l'établissement du compte mensuel devait permettre de constater si l'économe restait dans la limite qu'il ne doit pas dépasser en ce qui concerne les denrées et objets de consommation journalière et d'un autre côté de calculer la dépense occasionnée par chaque catégorie d'hospitalisés. Le Conseil supérieur a jugé, après discussion, que l'on pouvait, sans dommage, alléger sur ce point la tâche de l'économe, les écritures fournissant tous les éléments du travail que la Commission administrative ou le directeur auront toujours la faculté de réclamer s'ils le jugent indispensable.

Par contre, sur la proposition de M. Sabran, le Conseil supérieur a rétabli une disposition qui figurait dans l'instruction de 1836 et que ni la Commission ni les sections n'avaient cru nécessaire de maintenir. Il s'agit de l'obligation, pour l'économe, de dresser annuellement un état des consommations présumées (art. 38). Le Conseil supérieur a estimé, et son appréciation semble exacte, que cet état était indispensable à l'ordonnateur pour préparer le budget de l'année suivante.

Enfin, l'économe devra procéder, au moins une fois par trimestre, au récolement des magasins pour constater les diverses quantités des denrées alimentaires et des objets de consommation existant en magasin (art. 39).

Le relevé mensuel des comptes du grand livre (art. 40), qui figure dans la comptabilité organisée par les instructions de 1836, a été rétabli par les 2e et 3e sections et par le Conseil supérieur. On y trouvera d'utiles éléments de contrôle.

Les articles 41, 42 et 43 traitent du compte de gestion qui doit présenter, pour chaque nature d'opérations, le total des recettes et des dépenses consignées au journal général et au grand-livre; être rendu par gestion, c'est-à-dire comprendre toutes les opérations effectuées depuis le 1er janvier jusqu'au 31 décembre de la même année, enfin présenter, pour chaque objet :

1º Les quantités existant au premier jour de l'année, qui doivent être égales aux restants accusés par le compte de la gestion précédente;

2º Les quantités entrées pendant l'année avec les divisions nécessaires : *récoltées ou reçues, confectionnées, achetées.*

Ces deux premiers éléments totalisés composent les recettes;

3º Les quantités sorties pendant l'année;

4º Les quantités restant au dernier jour de l'année;

5º Le montant en numéraire des quantités achetées pendant l'année;

6º L'évaluation en numéraire des quantités récoltées ou reçues à quelque titre que ce soit.

Ces dispositions, absolument conformes aux prescriptions de 1836, c'est-à-dire à l'état de choses existant, ne paraissent pas de nature à motiver aucune observation particulière.

Aux termes des articles 44 et 45, l'économe est tenu de procéder chaque année au récolement et, tous les cinq ans, à l'inventaire des objets mobiliers. Cet inventaire descriptif et estimatif doit être fait en présence d'une commission spéciale nommée par l'administration de l'établissement. Sans aucun doute, ce sera là un travail considérable imposé à l'économe. Mais il convient de remarquer qu'il n'aura lieu que tous les cinq ans. D'un autre côté, il est indispensable de pouvoir, à des époques périodiques, se rendre exactement compte de la valeur et du nombre des objets mobiliers de toute nature, y compris les pièces de lingerie de coucher et d'habillement.

Il est également nécessaire que l'inventaire ne soit pas seulement énumératif; il faut qu'il soit en même temps descriptif et estimatif, afin d'empêcher la substitution d'objets sans valeur à des objets de prix d'un usage similaire, telle, par exemple, qu'une table de bois blanc venant à remplacer une table en marbre ou en chêne, etc.

Les articles 46, 47, 48 et 49 ont trait aux justifications à produire à l'appui des recettes et des dépenses figurant au compte de gestion, les articles 50, 51, 52 et 53 concernent les mesures à prendre en cas de mutation de comptable pendant le cours de l'année. Ces prescriptions s'expliquent d'elles-mêmes.

Enfin, le titre III, de beaucoup le plus important, ainsi qu'on vient de le voir, du projet de règlement, se termine par une disposition (art. 54) ainsi conçue :

« Le compte, affirmé véritable par le comptable et visé par l'ordonnateur, est soumis, soit à la Commission administrative, soit à la Commission consultative, suivant la nature de l'établissement auquel il s'applique. Il est ensuite transmis, pour approbation, avant le 1er juillet de l'année suivante, au ministre de l'Intérieur ou au préfet, suivant qu'il s'agit d'un établissement national ou d'un établissement départemental ou communal. »

Cette disposition appelle quelques explications particulières. Le projet originaire prévoyait un jugement des comptes-matières sans préciser à quel tribunal il appartiendrait de le rendre. Mais, dans la pensée aussi bien des 2e et 3e sections que de la Commission spéciale, ce jugement, comme celui des comptes en deniers, devait être déféré aux conseils de préfecture et à la Cour des Comptes.

Sur la demande de M. Hébrard de Villeneuve, il avait été décidé que le ministère des Finances serait consulté sur l'opportunité de cette mesure et sur les avantages ou les inconvénients qu'elle lui paraîtrait de nature à présenter. Or, dans une correspondance échangée entre le département de l'Intérieur et celui des Finances, ce dernier s'est montré nettement opposé à l'innovation projetée.

D'accord avec M. le premier président de la Cour des Comptes, dont il avait cru devoir prendre l'avis, M. le ministre des Finances a pensé que le juge se trouverait dans l'impossibilité de suivre, dans les comptes des économes, l'emploi du matériel et les transformations des matières de consommation. A son sens, la nature même des opérations effectuées par les économes et le mode employé pour les retracer dans les écritures mettraient en échec tous les procédés de vérification. L'attribution à la Cour et aux conseils de préfecture du jugement des comptes-matières n'augmenterait pas les garanties de la fidélité de cette gestion et le juge ne pourrait même, en fait, user, à l'égard des nouveaux justiciables, d'aucune des sanctions efficaces qui sont susceptibles d'être appliquées aux comptables en deniers.

En présence de l'opposition manifestée par le ministère des Finances, les 2e et 3e sections et le Conseil supérieur, tout en regrettant de ne pouvoir attribuer le jugement des comptes-matières aux conseils de préfecture et à la Cour des Comptes, ont été d'avis qu'il y avait lieu de maintenir l'état de choses existant, c'est-à-dire de laisser l'approbation de ces comptes, après avis des Commissions administratives ou consultatives, au ministre de l'Intérieur et aux préfets, suivant qu'il s'agissait soit d'établissements nationaux, soit d'établissements départementaux ou communaux. La nouvelle rédaction de l'article 54 a été arrêtée en conséquence. Rien donc n'est modifié quant à l'autorité chargée d'apurer les comptes, mais les préfets auxquels appartient le droit de rendre définitives les délibérations prises à ce sujet par les commissions administratives devront redoubler de vigilance dans l'exercice de cette importante attribution, et faire au besoin contrôler sur place, par exemple par le contrôleur du Service de l'Assistance médicale gratuite, là où ce contrôle est organisé, les opérations de la gestion-matières.

TITRE IV

DISPOSITIONS SPÉCIALES

Le titre IV (art. 55, 56, 57, 58, 59 et 60) organise une comptabilité restreinte et d'une grande simplicité, que les établissements peu importants, c'est-à-dire, d'après l'appréciation du Conseil supérieur, ceux dont les recettes ordinaires sont inférieures à 60.000 francs, pourront être autorisés à tenir au lieu et place de la comptabilité complète. Toutefois, il peut arriver que, comme on l'a dit plus haut, même dans les plus petits établissements, il existe un personnel suffisant; aussi le Conseil supérieur a estimé avec la Commission spéciale que la règle générale devait être la tenue de comptabilité complète pour tous les établissements, grands et petits, et que ces derniers ne pourraient être autorisés à faire usage de la comptabilité restreinte qu'à titre exceptionnel et en vertu d'une décision spéciale du ministre de l'Intérieur. D'une manière générale, ces autorisations ne seraient pas accordées aux établissements qui actuellement tiennent la comptabilité-matières dans les conditions prescrites par l'instruction de 1836 que le présent règlement ne modifie presque pas. Autrement, on aboutirait à faire pour certains établissements un pas en arrière, et ce n'est certes pas l'intention qui a présidé à l'élaboration du travail soumis à votre approbation.

La comptabilité restreinte comprend en tout quatre registres, savoir :

Pour les denrées et objets de consommation journalière, une *Main courante d'entrées* et une *Main courante de sorties*, dont les résultats sont portés par quinzaine sur le Grand-Livre;

Un *Grand-Livre*, où sont inscrits tous les approvisionnements;

Enfin, un livre d'*Inventaire général*, établi par catégories d'objets mobiliers (meubles, effets de coucher, de linge et d'habillement) et présentant, avec un numéro d'ordre et chacune à sa date, toutes les acquisitions faites pour le service de l'établissement.

Les dispositions des articles 33 et 34 relatifs au pharmacien sont applicables à cette comptabilité restreinte ainsi que les prescriptions des articles 61 à 66 concernant la comptabilité en deniers de l'économe, comptabilité qui fait l'objet du titre V et dernier du règlement.

TITRE V

COMPTABILITÉ EN DENIERS

Il peut paraître peu rationnel, à première vue, de réglementer la comptabilité en deniers des économes qui sont des comptables de matières. Mais, en y regardant de plus près, on s'explique les préoccupations de la Commission spéciale et du Conseil supérieur à cet égard et on est amené à reconnaître qu'elles étaient pleinement justifiées.

En effet, si l'économe, en principe, n'agit que sous le contrôle et d'après les ordres de l'ordonnateur, il n'en est pas moins certain qu'en fait, cet agent est amené par la force des choses à donner certains ordres d'acquisition, à effectuer des commandes aux fournisseurs. Il est donc indispensable qu'il connaisse à tout moment et de la façon la plus précise la situation des divers crédits budgétaires. C'est pourquoi on lui a fait une obligation de tenir un registre des dépenses classées par articles du budget (art. 61) et un carnet d'enregistrement des mandats de paiement (art. 62), carnet dont la tenue est d'ailleurs prescrite par les instructions de 1836.

D'un autre côté, aussi bien dans les petits que dans les grands établissements, l'économe a un maniement de deniers. Il peut lui être alloué, pour l'acquittement des menues dépenses, des avances en numéraire, dont le montant, dans certains établissements importants, tels par exemple que ceux de la ville de Paris, atteint quelquefois un chiffre très élevé, 50.000, 60.000 francs ou même davantage.

En outre, l'économe peut avoir à effectuer des ventes sur les marchés (produits agricoles, bestiaux, etc.) et, de ce chef encore, avoir des encaissements importants à opérer.

Le but des articles 63, 64 et 65 est d'organiser cette comptabilité accessoire, de manière à en permettre une vérification prompte et facile.

Enfin, le dernier article du projet (art. 66), adopté par les sections sur l'avis favorable de M. le ministre des Finances, afin de couper court à des difficultés qu'avait soulevées l'application de l'article 1111 de l'Instruction générale des Finances du 20 juin 1859, autorise l'économe à recevoir des dépôts de titres, valeurs, bijoux, sommes d'argent appartenant aux hospitalisés dans les établissements où le receveur, bien qu'ayant un bureau, n'y vient pas quotidiennement. Dans cette partie du service, l'économe agit sous le contrôle et la responsabilité du receveur, auquel il doit remettre les dépôts au moins une fois par quinzaine.

Cette autorisation spéciale serait donnée par le préfet, sauf pour les établissements nationaux; dans la pensée de tous, elle ne devrait être accordée qu'avec beaucoup de circonspection et là seulement où le receveur ne pourrait prendre charge, au fur et à mesure, des dépôts effectués par les hospitalisés.

Telles sont, Monsieur le Président du Conseil, l'économie générale et les principales dispositions du règlement soumis à la sanction du Gouvernement. Œuvre d'une commission technique, amendée par le Conseil supérieur de l'Assistance publique, sur les observations d'un grand nombre de commissions administratives fortes de leur expérience de chaque jour, sur les observations aussi de M. le ministre des Finances et de M. le premier président de la Cour des Comptes, la nouvelle organisation de la comptabilité-matières des établissements d'assistance vous paraîtra, j'ose l'espérer, constituer un très utile élément de progrès. Pour les établissements importants, elle donnera une nouvelle vigueur à des dispositions sages édictées en 1836, mais trop souvent perdues de vue, en en retranchant tout ce qui n'est point indispensable, et en y ajoutant soit les moyens de contrôle reconnus nécessaires, déjà créés d'ailleurs spontanément par les meilleurs économes, soit des prescriptions qui régularisent certains usages nés de la force des choses. Mais surtout, pour les petits établissements où les abus sont le plus à craindre, elle obligera à tenir une comptabilité correcte et facilement vérifiable des entrées. et des sorties des matières, et retirera tout prétexte. de se soustraire à cette obligation protectrice des intérêts des pauvres, avec lesquels se confond désormais, à raison du caractère obligatoire de l'Assistance médicale gratuite, l'intérêt des contribuables et du Trésor public.

J'ai, en conséquence, l'honneur, Monsieur le Président du Conseil, de vous prier de vouloir bien présenter à la signature de M. le Président de la République et revêtir de votre contreseing le projet de décret ci-joint.

Veuillez agréer, Monsieur le Président du Conseil, l'hommage de mon respect.

Le Conseiller d'État,
Directeur de l'Assistance et de l'Hygiène publiques,

H. Monod.

II

DÉCRET

du 9 septembre 1899

RENDANT EXÉCUTOIRE LE RÈGLEMENT SUR LA TENUE DE LA COMPTA-
BILITÉ DES ÉCONOMES DANS LES ÉTABLISSEMENTS PUBLICS D'ASSIS-
TANCE.

———

Le Président de la République Française,
Sur le rapport du président du Conseil, ministre de l'Intérieur et des
Cultes ;
Vu l'ordonnance royale du 29 novembre 1831 ;
Vu l'instruction ministérielle du 20 novembre 1836 ;
Vu la loi du 7 août 1851 ;
Vu le décret du 31 mai 1862 ;

Décrète :

Article premier.

Le règlement ci-annexé est approuvé pour recevoir son exécution à
partir du 1er janvier 1900.

Art. 2.

Le ministre de l'Intérieur et des Cultes est chargé de l'exécution du
présent décret.

Fait à Paris, le 9 septembre 1899.

Émile LOUBET.

Par le Président de la République :

Le Président du Conseil, Ministre de l'Intérieur et des Cultes,
WALDECK-ROUSSEAU.

Le Ministre des Finances,
J. CAILLAUX.

———

III

RÈGLEMENT

SUR LA TENUE DE LA COMPTABILITÉ DES ÉCONOMES

DANS LES

ÉTABLISSEMENTS PUBLICS D'ASSISTANCE

———

TITRE I

DISPOSITIONS GÉNÉRALES

Article premier.

La tenue d'une comptabilité en matières est obligatoire dans tous les établissements publics d'assistance.

Art. 2.

La comptabilité en matières comprend toutes les opérations relatives aux recettes ou entrées en magasin et aux dépenses ou sorties des denrées, objets de consommation, médicaments, matières premières, effets et objets mobiliers de toute nature.

Art. 3.

L'économe ou le comptable en matières, quel que soit son titre, a pour attributions :

1º De percevoir, emmagasiner et conserver les denrées et objets mobiliers de toute nature ;

2º De distribuer ces denrées et objets pour le service des établissements, conformément aux règles prescrites ;

3º De passer écriture et rendre compte de ses opérations.

Art. 4.

Ce comptable est responsable de sa gestion. Il exerce ses fonctions sous le contrôle de la Commission administrative, et, dans les établissements pourvus, soit d'un conseil ou d'une commission de surveillance, soit d'une commission consultative, sous le contrôle du directeur.

Art. 5.

Il est assujetti à un cautionnement conformément aux lois et règlements en vigueur.

TITRE II

DES RECETTES ET DES DÉPENSES

Art. 6.

Les recettes en matières peuvent provenir :

1º D'achats effectués par marchés ou directement par les comptables ;

2º De produits intérieurs de l'établissement et du produit des exploitations ;

3º De confections résultant d'emploi de matières premières, de préparations, mélanges et autres opérations qui dénaturent les matières premières employées ; de conversions d'effets ou d'objets changeant de nom ou de forme ;

4º De dons et legs ;

5º De successions hospitalières ;

6º De versements à divers titres par d'autres établissements.

Art. 7.

Les dépenses en matières peuvent résulter :

1º De l'emploi de denrées et objets divers par le fait de leur consommation ou de leur distribution ;

2º De la vente ou de la consommation à l'intérieur des produits d'exploitation ;

3º De mises hors de service par suite d'usure ou de vétusté, de pertes ou avaries ;

4º De l'emploi de matières premières par suite de confections, de constructions, de préparations ou mélanges, de conversions d'effets ou d'objets changeant de nom ou de forme ;

5º De restitutions aux familles et ventes d'effets ou objets provenant de successions hospitalières ou d'emploi à l'intérieur desdits effets ou objets ;

6º De versements à divers titres à d'autres établissements.

Art. 8.

L'économe est chargé des achats à faire pour le compte des établissements, en vertu des crédits ouverts par les budgets et d'après les ordres des commissions administratives ou du directeur de l'établissement.

Art. 9.

Il tient un compte spécial des matières fournies aux ateliers ou exploitations et des produits qui y sont fabriqués ou récoltés.

Art. 10.

Il a seul les clefs des magasins où doivent être conservées les matières appartenant aux établissements. Les agents sont, chacun dans son service, responsables envers l'économe des objets ou denrées qu'il leur a confiés.

Art. 11.

Aucune denrée, aucun objet, quelle qu'en soit la nature, ne peut entrer dans l'établissement ni en sortir sans l'autorisation de l'économe.

Art. 12.

L'économe doit se conformer strictement, pour les distributions de denrées à chaque catégorie d'hospitalisés, aux prescriptions du règlement général sur le régime alimentaire et à celles du cahier de visite.

Art. 13.

Les ventes de toutes matières, telles que produits du travail intérieur ou produits récoltés, effets mobiliers hors de service, résidus, etc., doivent être faites par les soins de l'économe et sous sa responsabilité personnelle conformément aux ordres qui lui sont donnés par la Commission administrative ou le directeur. Le prix doit en être versé dans la caisse du receveur, au moins une fois par quinzaine, conformément aux dispositions de l'article 65.

TITRE III

DES ÉCRITURES ET DES COMPTES

Art. 14.

Les opérations en recettes et en dépenses sont consignées sur les livres suivants :

1º Le *Registre des entrées,* pour la constatation des recettes ;

2º Le *Journal général,* pour l'enregistrement des recettes et des dépenses ;

3º Le-*Grand Livre,* pour l'établissement du compte particulier de chacune des diverses natures de denrées, effets, etc. ;

4º Divers livres auxiliaires destinés à présenter les développements propres à chaque nature de service.

Art. 15.

Le registre des entrées, le journal général et le grand-livre, avant qu'il en soit fait usage, sont cotés et paraphés sur chaque feuillet par l'ordonnateur ou par son délégué dûment autorisé par le préfet, et, pour les établissements nationaux, par le ministre de l'Intérieur. Cette opération est constatée sur le premier feuillet du registre.

Art. 16.

Les opérations sont enregistrées sur le journal général et le grand-livre, article par article, sans rature, surcharge, grattage ni interligne.

Art. 17.

Les erreurs que le comptable commettrait dans ses écritures doivent être rectifiées au moyen d'un article motivé, par augmentation ou déduction des quantités inscrites en moins ou en trop et non point en portant une recette d'ordre pour compenser une dépense erronée et réciproquement.

§ 1. — *Registre des entrées* (Modèle n⁰ 1).

Art. 18.

Le registre des entrées est tenu par année et par gestion quand il y a, dans le cours de l'année, mutation de comptable.

Art. 19.

Chaque opération inscrite sur le registre des entrées doit faire l'objet d'un numéro d'ordre et donner l'indication du numéro du journal où la recette est inscrite.

Il n'y a qu'une série de numéros pour toute l'année, quel que soit le nombre des registres successivement délivrés au comptable.

En cas de mutation de comptable dans le cours de l'année, il sera commencé une nouvelle série de numéros sur le registre destiné à la gestion suivante .

Art. 20.

Les recettes doivent être constatées, au fur et à mesure des livraisons. Les quantités dont il est pris charge sont libellées en toutes lettres et en chiffres.

Art. 21.

Les produits intérieurs, les versements provenant de dons, les entrées d'objets provenant de confections, du produit des exploitations, des successions hospitalières, rentes en nature, etc., sont au même titre que les achats de denrées ou objets, enregistrés sur le registre des entrées.

§ 2. — *Journal général* (Modèle n⁰ 2).

Art. 22.

Le journal général est tenu par année; il est destiné à l'enregistrement détaillé, sur le vu des pièces justificatives, des recettes (entrées des matières ou objets de toute nature, de quelque origine qu'ils proviennent), et des dépenses (sorties des mêmes objets, pour quelque cause que ce soit).

L'enregistrement se fait jour par jour, à mesure que les opérations ont lieu, sauf les exceptions dont il est parlé aux articles 32, 33 et 34.

Art. 23.

Chaque article du journal est émargé du folio du compte ouvert au grand livre où cet article a été reporté et du numéro du carnet d'enregistrement des mandats.

§ 3. — *Grand-Livre* (Modèle n⁰ 3).

Art. 24.

Les enregistrements opérés sur le journal général sont transportés immédiatement aux comptes ouverts au grand livre pour l'entrée et la sortie de chaque espèce de denrées ou d'objets.

Art. 25.

Les comptes sont ouverts conformément aux divisions et sous-divisions déterminées par la classification des matières dans l'ordre tracé par le répertorie placé en tête du grand-livre.

§ 4. — *Clôture des livres.*

Art. 26.

Au 31 décembre de chaque année, l'ordonnateur arrête les livres.
A cet effet :

1º Pour le registre des entrées, il constate le numéro de la dernière opération ;

2º Pour le journal général, constate le numéro du dernier enregistrement ;

3º Pour le grand-livre, il arrête par un total les opérations de chaque compte et défalque le montant de la dépense de celui de la recette.

Il est dressé procès-verbal de la clôture des livres.

Art. 27.

Dans la première quinzaine de janvier, il est procédé en présence de l'économe, par l'ordonnateur ou son délégué, au récolement des restes en magasin au 31 décembre précédent. Il est dressé procès-verbal de cette opération.

A l'égard des objets mobiliers, il est procédé conformément aux dispositions de l'article 45 ci-après.

Art. 28.

La clôture des livres a lieu dans la même forme lorsque les fonctions d'un comptable viennent à cesser, quelle que soit l'époque de l'année où la mutation a lieu.

Art. 29.

Le nouveau titulaire prend pour point de départ de sa comptabilité le chiffre résultant de l'arrêt du grand-livre ; il se charge, en recette, et devient responsable des quantités formant le solde de chaque compte, sous la réserve des différences que pourra accuser l'inventaire, dont il sera parlé ci-après.

§ 5. — *Carnets auxiliaires.*

Carnets des fournisseurs.

Art. 30.

L'économe inscrit les livraisons de denrées et objets de consommation courante successivement et à leur date sur un carnet général (*Modèle nº 4*). Il délivre à chaque fournisseur un carnet spécial du même modèle.

Les carnets des fournisseurs et le carnet général de l'économe, cotés et paraphés par l'ordonnateur, sont arrêtés au moins à la fin de chaque mois.

Lors de chaque arrêté de compte, les quantités sont portées aux livres généraux du comptable.

Carnets de magasins.

Art. 31.

Les agents du personnel secondaire préposés à la buanderie, à la lingerie, à la cuisine, à la cave, aux magasins, chantiers, ateliers, etc., inscrivent jour par jour, sur des carnets auxiliaires (un carnet par chaque service), toutes les entrées et sorties des articles et des matières confiés à leur garde, en vue de permettre, à tout moment, de constater la situation vraie des magasins (*Modèle n° 5 à modifier selon le service auquel il est destiné*).

Art. 32.

Les dépenses journalières en denrées et autres objets de consommation mentionnées sur ces carnets auxiliaires sont totalisées au moins à la fin du mois et portées au journal général et au grand-livre.

Art. 33.

Le pharmacien exclusivement attaché à l'établissement inscrit jour par jour les entrées et les sorties sur des carnets-auxiliaires (*Modèles n°s 6 et 7*). Il rend à l'ordonnateur un compte mensuel des opérations de son service (*Modèle n° 8*). Ces opérations sont résumées en fin d'année dans un compte général visé par l'ordonnateur et joint au compte-matières à titre de document annexe.

Il est procédé par le pharmacien dans le premier mois de chaque année au récolement des substances pharmaceutiques existant au 31 décembre précédent. Les résultats de cette opération sont inscrits sur un état dit « situation des produits pharmaceutiques », lequel, certifié par l'ordonnateur, est joint au compte présenté par le pharmacien.

Art. 34.

A défaut de pharmacien spécial, toute personne préposée à la pharmacie inscrit jour par jour les entrées et les sorties sur des carnets auxiliaires (*Modèles n°s 6 et 7*). Elle fournit en outre un compte mensuel à l'économe (*Modèle n° 8*).

Carnet des successions hospitalières (*Modèle n° 9*).

Art. 35.

L'inventaire des effets, bijoux, argent et papiers laissés par les malades et administrés décédés dans les établissements est fait par l'économe en présence de l'ordonnateur ou d'un membre de la Commission.

Tous les objets sont énumérés et décrits sur un registre spécial, dit registre des inventaires après décès. Chaque opération y est constatée par la signature de l'ordonnateur et de l'économe.

Les espèces, valeurs et bijoux sont immédiatement versés dans la caisse du receveur.

Carnet des exploitations (*Modèle nº 10*).

Art. 36.

Les produits des exploitations de toute nature sont constatés avec leur évaluation au fur et à mesure qu'ils sont recueillis, qu'il s'agisse de récolte, de fabrication ou de confection.

Ils sont inscrits sur un carnet auxiliaire qui a autant de comptes ouverts qu'il est nécessaire.

Ils sont récapitulés à la fin de chaque mois et les quantités qui y figurent sont portées aux livres généraux du comptable.

A l'appui de la recette, il est dressé mensuellement un état des produits de toute nature. Cet état est visé par l'ordonnateur.

Disposition générale.

Art. 37.

L'énumération des carnets auxiliaires mentionnés dans les articles précédents n'est point limitative. Pourront être tenus, en outre, tous les carnets qui seraient jugés nécessaires suivant la nature et l'importance des services.

État des consommations présumées.

Art. 38.

L'économe dresse, pour la préparation du budget de l'année suivante, et remet à l'ordonnateur un état des consommations présumées (*Modèle nº 11*).

Cet état désigne, en suivant l'ordre des chapitres et articles du budget, les divers objets de consommation et d'entretien nécessaires aux besoins de l'établissement; il indique les quantités qui sont présumées devoir être récoltées ou achetées et en fixe approximativement le prix.

Récolement trimestriel.

Art. 39.

Au moins une fois par trimestre, il est procédé au récolement des magasins pour constater les diverses quantités de denrées alimentaires et d'objets de consommation restant en magasin (*Modèle nº 12*).

Ce récolement, fait par le comptable qui arrête le chiffre des restants en magasin, est remis à l'ordonnateur.

Relevé mensuel des comptes du Grand-Livre.

Art. 40.

A la fin de chaque mois, il est dressé, pour le mois précédent, un relevé des comptes du grand-livre présentant la situation des entrées et sorties au dernier jour du mois (*Modèle nº 13*).

Du compte de gestion (*Modèle nº 14*).

Art. 41.

Le compte en matières présente, pour chaque nature d'opérations, le total des recettes et des dépenses consignées au journal général et au grand-livre.

Ce compte est rendu par gestion, c'est-à-dire qu'il comprend toutes les opérations effectuées depuis le 1er janvier jusqu'au 31 décembre de la même année.

Art. 42.

Les articles de recettes et de dépenses y sont classés de la même manière, sous les mêmes titres et dans le même ordre qu'au grand-livre.

Art. 43.

Le compte doit présenter pour chaque objet :

1º Les quantités existant au premier jour de l'année qui doivent être égales aux restants en magasin accusés par le compte de la gestion précédente ;

2º Les quantités entrées pendant l'année ;

3º Les quantités sorties pendant l'année ;

4º Les quantités restant en magasin au dernier jour de l'année ;

5º Le montant en numéraire des quantités achetées pendant l'année ;

6º L'évaluation en numéraire des quantités récoltées ou reçues à quelque titre que ce soit.

Inventaire quinquennal et récolement annuel des objets mobiliers.

Art. 44.

Il est procédé tous les cinq ans à l'inventaire général descriptif et estimatif des objets mobiliers existant dans l'établissement (*Modèle nº 15*). Cet inventaire a lieu dans les trois premiers mois de la sixième année ; il est fait par le comptable en présence d'une commission spéciale nommée par l'administration de l'établissement.

Art. 45.

Il est procédé par le comptable dans le premier mois de chaque année au récolement des objets mobiliers existant au 31 décembre précédent. Les résultats de cette opération sont inscrits sur un état dit : *Situation des objets mobiliers (Modèle nº 16*), lequel est certifié par l'ordonnateur.

Pièces justificatives du compte.

Art. 46.

Les recettes sont justifiées, savoir :

1º Les quantités existant au 1er janvier de l'année par les restants de compte de la gestion précédente ;

2º Les recettes de toute nature, savoir :

A. — Les recettes provenant de confections ou de préparations, par les états produits à l'appui de la dépense pour la justification des matières ayant subi transformation ;

B. — Les recettes provenant, soit de produits intérieurs et de versements à divers titres, soit du produit des exploitations, soit de successions hospitalières, par des états spéciaux.

Art. 47.

Les dépenses sont justifiées, savoir :

1º Les dépenses résultant de distributions ou de consommations, par les comptes mensuels ;

2º Les dépenses pour confections ou préparations, par un état d'emploi des étoffes, matières, etc., constatant la nature et le nombre des effets ou objets confectionnés ou préparés ;

3º Les objets usés, perdus ou avariés, par des états de mise hors de service, certificats et procès-verbaux de perte ;

4º Les produits d'exploitations vendus au dehors et les objets provenant de successions hospitalières rendus aux familles ou conservés dans l'établissement, par des états spéciaux.

Art. 48.

Toutes les pièces justificatives du compte sont certifiées par l'ordonnateur.

Art. 49.

Les comptables sont tenus d'inscrire à la fin de leur compte de gestion le bordereau des pièces justificatives produites à l'appui.

Compte à rendre en cas de mutation du comptable.

Art. 50.

Chaque comptable, n'étant responsable que des actes de sa gestion personnelle, doit, en cas de mutation, rendre compte séparément des faits qui le concernent. En conséquence, lorsque la mutation s'opère dans le cours d'une année, le compte de cette année doit être divisé suivant la durée de la gestion des titulaires.

Art. 51.

Aussitôt après l'installation d'un comptable, il est procédé par les comptables entrant et sortant et par l'ordonnateur ou son délégué, à l'inventaire général des effets de coucher, linge, habillement, des objets mobiliers, ainsi qu'au récolement des denrées et objets de consommation.

Art. 52.

Un délai d'un mois à partir de la clôture de cet inventaire est accordé au comptable remplacé pour balancer les comptes ouverts au grand-livre et produire son compte de gestion.

Art. 53.

Les résultats présentés par ce compte sont rapprochés des quantités constatées au récolement.

Dans le cas où des différences seraient relevées entre les résultats du compte et les quantités réellement existantes accusées par la situation des objets mobiliers, le comptable établit d'urgence des états de redressement d'écritures qui sont soumis à l'approbation de l'ordonnateur.

Chacune des différences est l'objet d'explications, pour permettre d'apprécier s'il y a lieu d'en autoriser la recette ou la dépense.

Vérification et apurement du compte.

Art. 54.

Le compte affirmé véritable par le comptable et visé par l'ordonnateur est soumis soit à la Commission administrative, soit à la Commission de surveillance, soit à la Commission consultative, suivant la nature de l'établissement auquel il s'applique. Il est ensuite transmis pour approbation, avant le 1er juillet de l'année suivante, au ministre de l'Intérieur ou au préfet, suivant qu'il s'agit d'un établissement national ou d'un établissement départemental ou communal.

TITRE IV

DISPOSITIONS SPÉCIALES

Art. 55.

Dans les établissements dont les recettes ordinaires sont inférieures à 60.000 francs, la comptabilité en matières pourra, sur une autorisation spéciale du ministre de l'Intérieur, être régie conformément aux dispositions des titres I et II, et, en ce qui concerne le titre III, aux prescriptions des articles 33 et 34, complétées par les dispositions du présent titre et celles des articles 63, 64, 65 et 66 du titre V.

Art. 56.

L'économe ou le comptable en matières, quel que soit son titre, tient une main courante d'entrées et une main courante de sorties, un grand-livre et un livre d'inventaire.

Art. 57.

L'économe ou agent comptable tient des mains courantes d'entrées et de sorties où il inscrit jour par jour, avec l'indication de leur quantité, de leur poids ou de leur mesure, toutes les denrées reçues par lui (*Modèle n° 17*) et livrées à la consommation (*Modèle n° 18*).

A la fin de chaque quinzaine, il totalise les chiffres inscrits sur les deux mains courantes pendant cette quinzaine et porte les totaux ainsi obtenus sur le grand-livre.

Art. 58.

Le grand-livre (*Modèle n° 19*) est divisé en comptes particuliers selon la nature et la destination des différentes provisions. Un seul compte général comprend les produits du jardin et des propriétés livrés à la Commission ou vendus au profit de l'établissement.

Art. 59.

Le livre d'inventaire général du mobilier et des effets de coucher, linge et habillement (*Modèle n° 20*) présente avec un numéro d'ordre général, et chacune à sa date, toutes les acquisitions faites pour le service de l'établissement.

Il est établi par catégories d'objets. Il mentionne les entrées et les sorties à la date où elles ont lieu.

Art. 60.

Les documents ci-dessus sont cotés et paraphés par l'ordonnateur, qui doit les viser chaque mois. Ils ne doivent contenir ni surcharge ni rature et aucune interversion ne doit exister dans la série des numéros ni dans les dates.

Ils sont soumis, avant le 1er avril de l'année suivante, à la Commission administrative dont la délibération doit être approuvée par le préfet conformément aux dispositions de l'article 1 de l'ordonnance du 29 novembre 1831.

TITRE V

DISPOSITIONS CONCERNANT LA COMPTABILITÉ EN DENIERS

Art. 61.

L'économe tient un registre des dépenses classées par article du budget (*Modèle n° 21*). Ce livre est tenu par exercice.

Art. 62.

Il tient également un carnet d'enregistrement des mandats de paiement (*Modèle n° 22*). Les numéros d'ordre de ce carnet doivent être inscrits au journal général et au grand-livre.

Art. 63.

Il peut être alloué à l'économe, pour l'acquittement des menues dépenses, des avances en numéraire dont le maximum est déterminé par la Commission administrative ou par le directeur. La décision y relative ne sera exécutoire qu'après approbation de l'autorité qui règle le budget.

Les dépenses effectuées par l'économe sur les avances en numéraire dont il s'agit lui sont remboursées par le receveur, sur la production des pièces justificatives desdites dépenses, en sorte que le comptable en matières doit toujours avoir en caisse la représentation du chiffre total des avances, soit en espèces, soit en pièces justificatives de dépenses.

Art. 64.

La justification des dépenses directement payées par le comptable sur les fonds indiqués à l'article précédent est effectuée au moyen de bordereaux certifiés par lui et approuvés après vérification par l'ordonnateur. Ces bordereaux sont appuyés autant que possible de factures.

Art. 65.

L'économe tient, pour toutes les recettes en numéraire qu'il peut être appelé à encaisser (avances pour menues dépenses, prix de vente de produits agricoles, etc.) ainsi que pour les dépenses effectuées directement et pour les versements faits par lui au receveur, un registre spécial (*Modèle n° 23*).

Ces versements doivent être effectués au moins une fois par quinzaine.

Les résultats en dépenses du registre dont il s'agit sont portés mensuellement sur le registre des dépenses classées par articles du budget.

Art. 66.

Dans les établissements où le receveur ne réside pas et où il n'a pas de bureau, ainsi que dans ceux où le receveur, bien qu'ayant un bureau, n'y vient pas quotidiennement, l'économe peut être autorisé par le préfet, ou s'il s'agit d'un établissement national par le ministre de l'Intérieur, à recevoir des dépôts de titres, valeurs, bijoux, sommes d'argent appartenant aux hospitalisés. Dans cette partie du service, l'économe agit sous le contrôle et la responsabilité du receveur. Il doit inscrire toutes les recettes effectuées par lui à titre de dépôt sur un registre à souche (*Modèle n° 24*) coté et paraphé par l'ordonnateur.

Ce registre est visé par le receveur lorsque l'économe lui remet les dépôts, opération qui doit avoir lieu au moins une fois par quinzaine. L'économe tient, en outre, un registre où sont inscrites, au fur et à mesure, les entrées et les sorties des dépôts (*Modèle n° 25*).

Vu pour être annexé au décret du 9 septembre 1899.

Pour le Président du Conseil, Ministre de l'Intérieur et des Cultes :

Le Conseiller d'État,
Directeur de l'Assistance et de l'Hygiène publiques,

H. MONOD.

IV

DÉCRET

du 9 août 1919

Le Président de la République Française,

Sur le rapport du ministre de l'Intérieur et du ministre des Finances,
Vu l'ordonnance royale du 29 novembre 1831;
Vu l'instruction ministérielle du 20 novembre 1836;
Vu la loi du 7 août 1851;
Vu le décret du 31 mai 1862;
Vu le décret du 9 septembre 1899 et le règlement annexé;

Décrète :

Art. 1. — Les établissements publics d'assistance ayant plus de 100.000 francs de recettes ordinaires annuelles tiendront une comptabilité-matières complète, sauf décision spéciale du ministre de l'Intérieur les classant dans la catégorie visée à l'article 2 ci-après.

Art. 2. — Les établissements publics d'assistance ayant moins de 100.000 francs et plus de 30.000 francs de recettes ordinaires annuelles tiendront une comptabilité-matières restreinte.

Art. 3. — Les établissements publics d'assistance ayant moins de 30.000 francs de recettes ordinaires annuelles sont autorisés à avoir une comptabilité ménagère constituée par la tenue des registres réglementaires énumérés ci-dessous :
1º Carnets de fournisseurs (un pour chaque fournisseur habituel);
2º Carnet de menues dépenses;
3º Carnet de produits (jardin, fermages, en nature, rentes, dons, etc.);
4º Carnet ou feuille de magasin (s'il y a lieu);
5º État journalier de la population nourrie;
6º Feuille récapitulative des dépenses alimentaires.
Art. 4. — Le ministre de l'Intérieur et le ministre des Finances sont chargés de l'exécution du présent décret.

Fait à Paris, le 9 août 1919.

R. POINCARÉ.

Par le Président de la République :
Le Ministre de l'Intérieur,
J. Pams.

Le Ministre des Finances,
L.-L. Klotz.

BERGER-LEVRAULT, LIBRAIRES-ÉDITEURS

NANCY - PARIS - STRASBOURG

Dictionnaire des Communes (*France et Algérie*), avec l'indication de la Perception *dont relève chaque commune*. Suivi de la liste des communes dans les Colonies et Protectorats, et de la nomenclature des communes de France groupées par **Perception** avec l'indication de la **distance** qui sépare chaque commune de la résidence du percepteur. *8e édition*, entièrement mise à jour, donnant les chiffres de la population d'après le *dernier dénombrement*, et donnant, en plus des renseignements compris dans les précédentes éditions, la *Liste des communes de l'Alsace et de la Lorraine*. 1924. Un volume in-8 de 867 pages, relié en percaline souple. . . . . **20 fr.**

Les Communes de l'Alsace-Lorraine. Répertoire alphabétique avec l'indication de la dépendance administrative. — I. *Nomenclature française avant 1871 et après 1918.* — II. *Nomenclature allemande de 1871 à 1915.* — III. *Nomenclature allemande de 1915 à 1918.* 3e édition, revue et complétée. 1920. Un volume grand in-8. . . . . . . **5 fr. 75**

Statistique annuelle des Institutions d'Assistance. Années 1914 à 1919. Ministère du travail. (*Statistique générale de la France.*) 1922. — Un volume grand in-8 de 148 pages, broché. . . . . **15 fr.**

Guide du Médecin examinateur de l'Assistance aux vieillards, infirmes et incurables et du Médecin inspecteur des enfants protégés et assistés et des Ecoles, par le Dr E. Ravon, médecin de l'Assistance publique à Saint-Étienne. Préface de M. le Dr Émile Reymond, sénateur. 1911. Un volume in-12 de 446 pages, broché. . . . . **7 fr. 50**
Relié en percaline . . . . **10 fr. 20**

De la Protection du premier âge. *Loi du 23 décembre 1874.* Commentaire et guide pratique, à l'usage des maires, secrétaires de mairies, médecins-inspecteurs, juges de paix et de l'Administration préfectorale, par A. Lenoir, juge de paix à Reims. Ouvrage honoré de la souscription du ministère de l'Intérieur. 2e édition. 1898. Volume grand in-8. . . . . **7 fr. 50**

Le Domicile de Secours en matière d'Assistance publique. Résumé des dispositions légales permettant la détermination rapide du domicile de secours, par A. Gourivaud et M. Vergnolle. 1912. Brochure in-8. . . . . **75 c.**

La Déclaration du caractère de Bienfaisance des dons et legs charitables faits aux Établissements publics ou d'utilité publique (art. 19 de la loi du 25 février 1901), par J. M. Roussel, auditeur au Conseil d'État. 1904. Brochure grand in-8 de 22 pages. **1 fr. 50**

De l'Administration des Enfants assistés. *Manuel du candidat à l'Inspection. Répertoire méthodique de la législation et des instructions ministérielles*, par A. Métérié-Larrey, inspecteur du Service des enfants assistés, et Drimont, sous-inspecteur. 1897. Un volume in-12 de 326 pages, broché. . . . . . **6 fr.** — Relié en percaline . . . . **8 fr. 50**

Les Enfants assistés à travers l'histoire, par Georges Chevillet, sous-inspecteur de l'Assistance publique. Ouvrage honoré d'une souscription du conseil général de Seine-et-Marne. 1903. Un vol. in-8 de 279 pages, broché. . . . . **7 fr. 50**

De l'Assistance publique relativement à l'enfance, par J. Marie, professeur à la Faculté de droit de Rennes. 1892. Grand in-8 . . . . **3 fr.**

Le Domaine des Hospices de Paris *depuis la Révolution jusqu'à la troisième République*, par Amédée Bonde, chef de service à l'Administration générale de l'assistance publique. Préface de M. G. Mesureur, directeur de l'Administration générale de l'assistance publique de Paris. 1906. Un volume grand in-8 de 342 pages, broché. . . . . **9 fr.**

Des Secours à domicile dans la ville de Paris. Historique et réformes, par Alfred des Cilleuls, ancien administrateur de bienfaisance. 1892. Grand in-8 . . . . **3 fr. 75**

Les Bureaux de bienfaisance à Paris, décret du 12 août 1886 portant règlement d'administration publique sur l'organisation des secours à domicile dans la ville de Paris, suivi de l'arrêté du ministre de l'Intérieur du 25 février 1887 réglant le concours pour les médecins de bureaux de bienfaisance. 1887. In-8 . . . . **1 fr. 15**

De l'Assistance publique à Paris, par Paul Feillet, ancien chef de cabinet du préfet de la Seine. 1888. Volume grand in-8, broché. . . . . **4 fr. 50**

Libéralités charitables. Capacités des établissements charitables et des bureaux de bienfaisance, par Léon Béquet, maître des requêtes au Conseil d'Etat. Grand in-8, broché.
. . . . **2 fr. 65**